GReen GaRDen

Sozan Coskun

INHALT

Ich habe immer diesen Traum ...

... der mich nachts nicht mehr schlafen lässt.

1: Die Traumwerkstatt

Ich schau ja nur kurz rein.

Wolltest du nicht heute freinehmen?

Alles gut hier?

Oh! Hey, Mum!

Ja, alles gut. Sie wollte grade gehen.

Ach so.

Diese ...

Sie hatte sich verlaufen.

Allein stellst du doch eh nur wieder Blödsinn an.

Diese Frau ...

Was wollte unser Gast denn?

Es ist schwer zu beweisen, da es fast keine Aufzeichnungen aus der Zeit vor der Entdeckung der Energie gibt.

Was ..?

Doch wir waren uns sicher!

... und zugleich auch die Selbstmordrate.

Durch die Technologisierung steigt der Energiebedarf rasant an ...

Manche meinen, dass dies an den wachsenden Anforderungen der modernen Welt liegt, aber ...

wir haben das beste Gesundheits- und Sozialsystem der Welt

Und dennoch ist die Sterberate erschreckend hoch!

Verzeihen Sie, dass ich nicht persönlich erscheinen kann.

Wie schön, Sie zu hören!

Au-gust!

Ah ... Professorin Vendricks.

Du Bastard! Lass meinen Sohn sofort gehen!

Aber Sie hätten sich ja auch mal melden können.

Ich hoffe, Sie sehen mir das nach.

Kann mir mal einer erklären, was hier los ist?

Keine Sorge, ich lasse ihn frei ...

Was war das denn?

August!

Verschwinde mit Mai durch den Hinterausgang.

Du musst sie um jeden Preis beschützen, hörst du?

Mit der Regierung ist nicht zu spaßen ...

Nur leider drängt die Zeit.

Familienliebe ist doch etwas Schönes!

Regierung ...?

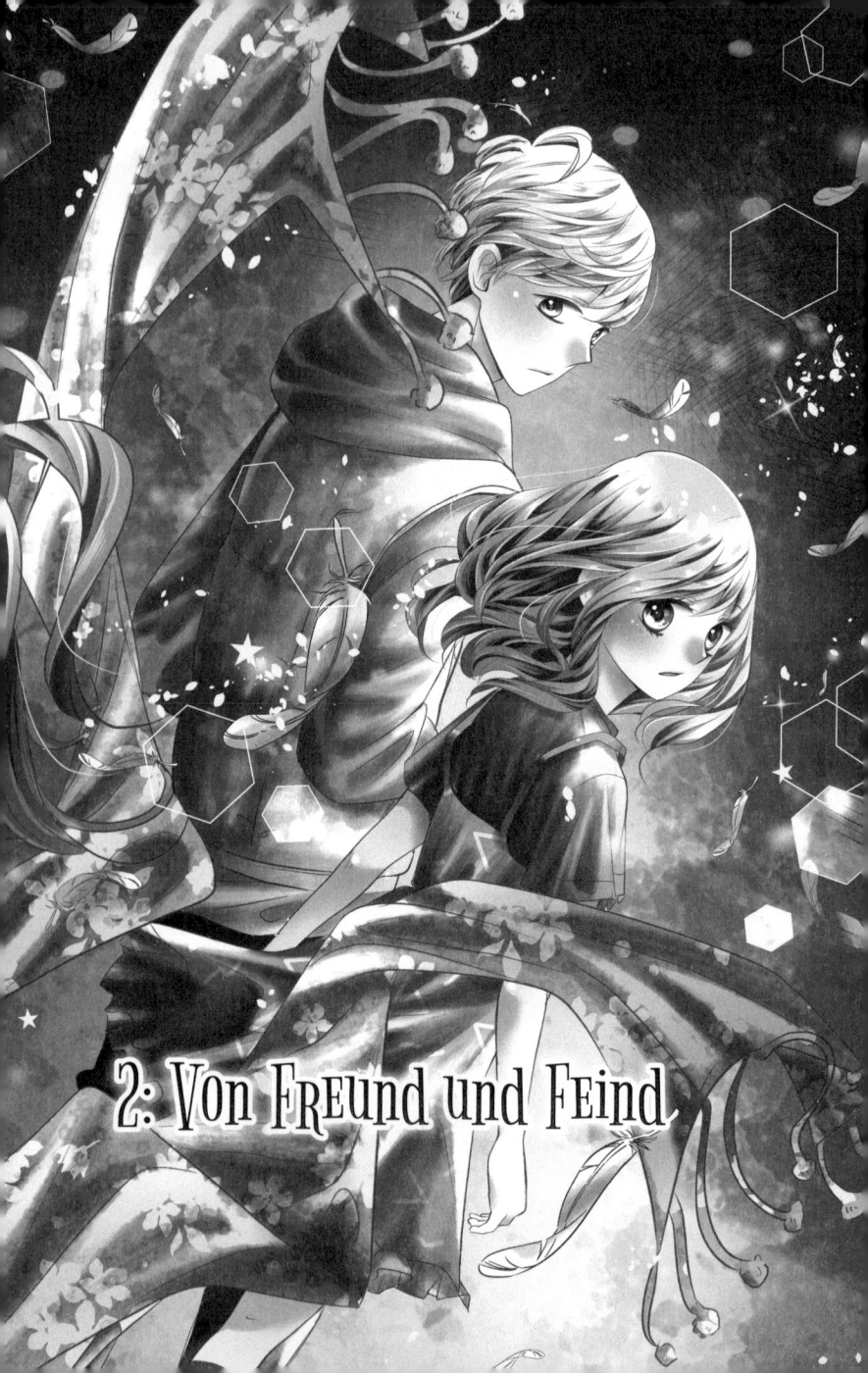

2: Von Freund und Feind

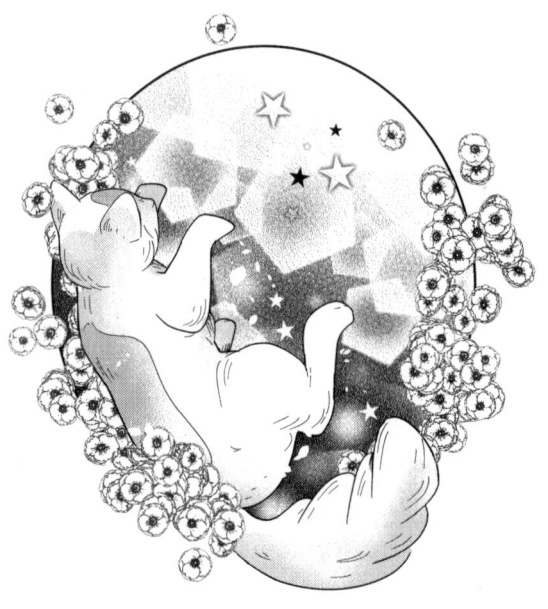

Er hat die ganze Fahrt über noch kein Wort gesagt.

Es ist alles ...

... meine Schuld!

Mach nicht so ein Gesicht.

Es ist nicht deine Schuld!

Sie
ist nicht
tot ...

...
Sorge
...

Keine
...

Meine
Lider sind
so schwer
...

...
ihr
...

Huch?

TAPP

TAPP

TAPP

KLIMPER

Gu...

Guten Morgen!

Oh! Du bist's.

Bist du endlich aufgewacht?

Was ?!

Du hast richtig doll geschnarcht!

Ich hab noch nie jemanden so tief schlafen sehen.

Sag ich doch!

Schon so spät?!

Ich hoffe, du hast ausgeschlafen.

Es ist schon Mittag!

He...

Hendro!

Hyaaah!

SCREECH

Guten Tag, Fräulein Mai.

Steh...

Sch... Schon gut.

Verzeihen Sie mir die Störung.

Stehst du schon die ganze Zeit da?

Du warst im Auto ein- geschlafen. Deshalb ...

... hab ich ihn gebeten, dich herzu- bringen.

Hier geht es ja wild zu!

Hey, Schwester!

Ich helfe Ihnen.

Schön, dass du endlich wach bist.

August war ganz in Sorge.

Na, wie wär's, wenn wir erst mal was essen?

Danke.

Wieso erzählst du ihr das?

S... Seine Schwester?!

August hat mir erzählt, was passiert ist.

Sein Gestammel erschien mir zwar reichlich wirr ...

Ge-stam-mel?!

... aber ich bin froh, dass euch nichts passiert ist.

Und das ist Hendro, mein Butler.

Ich heiße Mai.

Sehr erfreut.

Wir haben uns noch gar nicht vorgestellt. Wollen wir das nachholen?

Wieso ?!

Ihr seid sicher ziemlich erschöpft.

Ruht euch noch etwas aus. Ihr seid herzlich willkommen.

Jaja.

Los, hilf mir, August!

Hey! Ich trinke das noch!

Ich helfe Ihnen.

Er hat ihr nicht erzählt, dass die Werkstatt abgebrannt ist ...?

Hm
...

3: Der Aufbruch

Alles begann im großen Krieg. Er brachte nur Leid und Zerstörung mit sich und kostete Unzählige das Leben.

Doch in dieser von Blut durchtränkten Zeit entdeckte ein Einzelner die unbekannte Energie.

Eine Energie, die das Land zu Ruhm und Reichtum führte. Jene, die die Sprache der Energie beherrschten ...

... nannte man fortan »Traumfänger«.

Ihre Fähigkeiten sollen bis heute von Generation zu Generation weitervererbt werden.

Nanu?
Hier fehlen
...

... ein paar
Seiten?

Ob Jule
die Seiten
rausgerissen
hat ...?

Dabei
ist das Buch
sonst tipptopp
erhalten.

Wie
interessant!

Ach, ist
ja auch
egal!

Das kann kein Zufall sein.

Es handelt von den alten Legenden, aber der Titel ...

Weißt du, was »Green Garden« ist?

Nein.

Green Garden

»Green Garden«? Was ist das?

Stimmt! Wieso frag ich dich überhaupt?

Und alle Seiten zum Titel fehlen.

Hey!

Vielleicht weiß mein Onkel es ...

Dein Onkel?

...

Er ist so verrückt wie meine Mum und kennt alle Legenden!

Kann ich ihn besuchen?

Na ja, ich glaube, viele Traumfänger haben eine Werkstatt ...

Ja, er hat auch eine Traum-werkstatt.

Ich kann dir die Adresse geben.

Es gibt mehrere ?!

Vielleicht
ist das ja
...

Green
Garden!

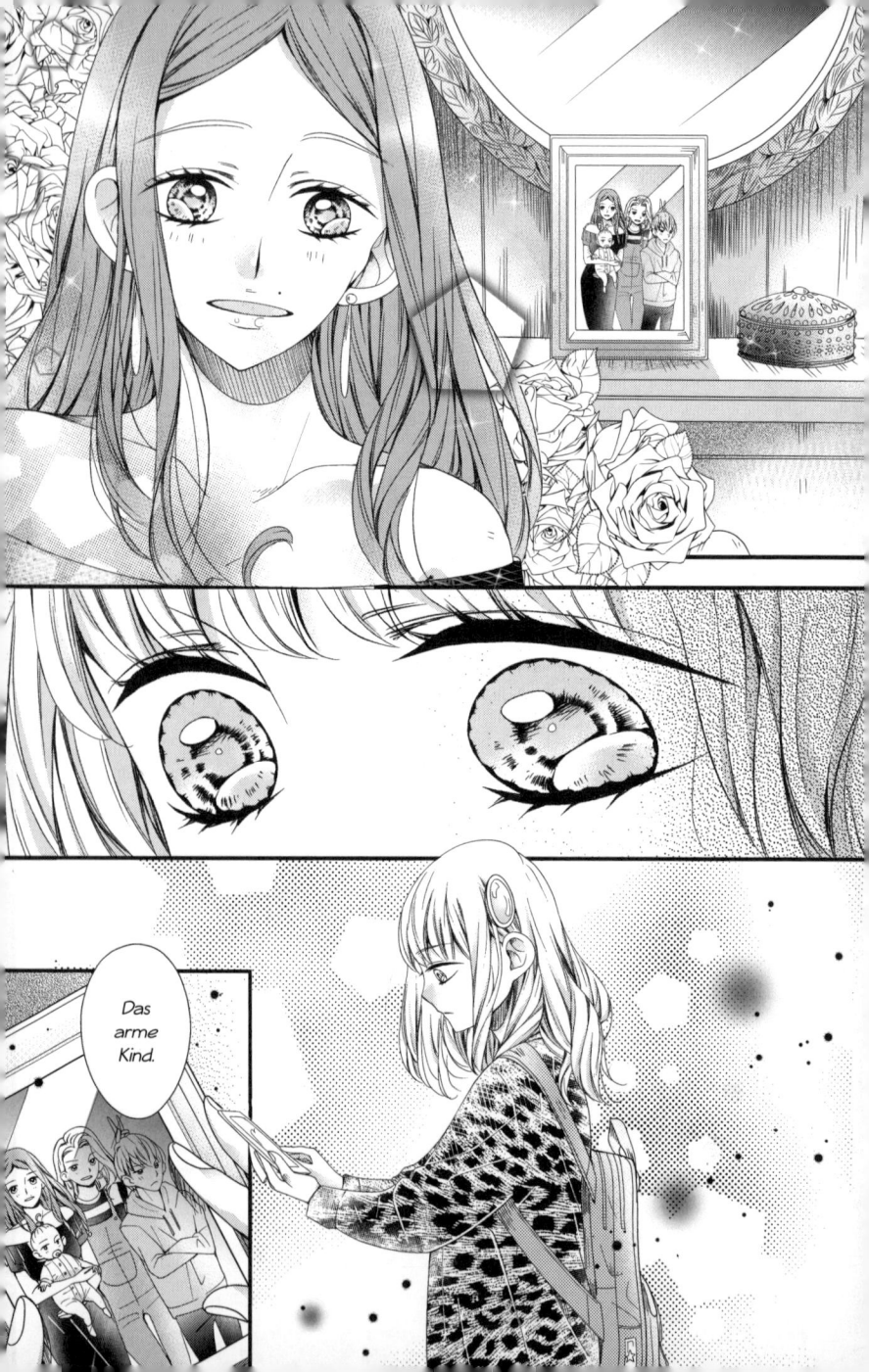

Das arme Kind.

Hat sie alles mit angesehen?!

Sie war dabei, als ihre Mutter sprang.

Psst!

Wie furchtbar! Das arme Ding ...

Nicht so laut! Aber ja, das hat sie wohl.

Und der Vater? Er war wohl nicht mal auf der Beerdigung.

Seit es passiert ist, redet sie wohl nicht mehr.

Ich frage mich, ob ...

Fräulein Mai!

Komm, wir gehen!

...

Darf ich Ihnen behilflich sein?

TAPP

TAPP

... ich möchte Ihnen gerne etwas überreichen.

Fräulein Mai ...

Ja!

Dieses Land ...

...
*muss sich
verändern!*

KLACK

Wolltest
du nicht
aufhören?

Tja, wir haben alle unsere kleinen Geheimnisse.

Wenn Mum das wüsste ...

...

Sie fahren also schon heute?

Ja ...

Halt die Klappe!

Schade, sie passt so gut zu dir.

Ha ha! Du wirst ganz rot!

Wie un-cool!

G... Gar nicht!

... oder?

Du hast es bemerkt?

Natürlich! Du warst schon immer ein schlechter Lügner!

Aber eigentlich hast du dich schon ent-schieden ...

Aber du biegst das wieder grade.

Richtig?

Aber nein!

Wir haben grade über dich gesprochen!

Haben wir nicht!

M... Mai!

Danke ... Und ... äh ...

Worüber sie wohl geredet haben?

... ich bräuchte noch die Adresse, August.

A... Ach so?

Also ... wir wollten uns verabschieden.

Vielen Dank für die Gastfreundschaft!

Dafür nicht! Kommt gerne wieder!

Vergiss es!

O...
Okay!

Ich hol noch rasch meine Klamotten ...

Die sind noch in der Wäsche ...

Echt jetzt?!

Dann gehen Hendro und ich schon mal vor.

Was?! Wartet!

Warum sollten wir diese Bälger laufen lassen?!

Ihre bloße Existenz ist eine Gefahr für uns!

Was haben Sie sich dabei gedacht?!

Ich hab dich nicht zu meiner rechten Hand ernannt ...

.. damit u an mir weifelst.

4: Ein Sturm zieht auf

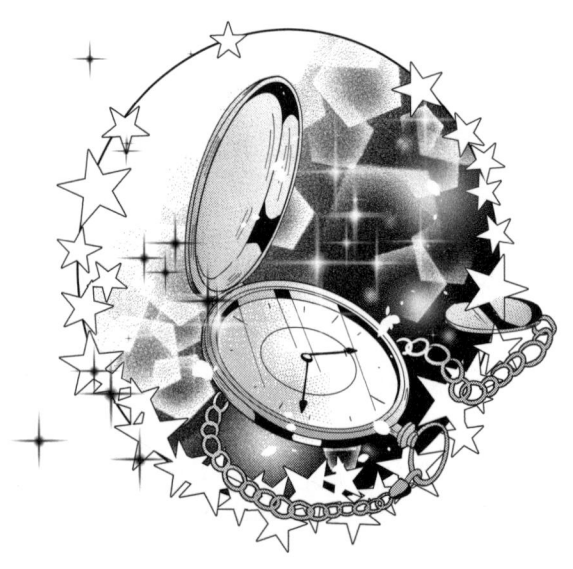

Aber was machst du mitten in der Nacht in unserem Hotelzimmer?

Ich kann nicht bis morgen warten!

Lass uns jetzt zur Traumwerkstatt gehen!

Du hast doch gesagt, sie liegt in der Nähe des Hotels.

Schon gut, ich bin leise!

PATT

Waaaah!

Was?! Du willst jetzt los?!

Weißt du, wie spät es ist?!

Lass das! Das nervt!

Er schläft eh wie ein Toter!

Er meinte, du hättest dich lange nicht mehr ausruhen können.

Sagte Hendro nicht, du brauchst Ruhe?

Ich versteh die Eile nicht.

Das ist ja krass ...

T A P P

Mir war nicht be- wusst, wie viele Leute noch so spät unterwegs sind.

Ich bin selten um diese Zeit draußen.

TAPP

TAPP

Sogar ein paar Geschäfte haben noch auf.

Es ist fast so ...

... als wären wir in einer Stadt voller schlafloser Zombies.

August!

Hörst du mir überhaupt zu?

DING
DONG

DRÜCK

Mal sehen, ob er überhaupt wach ist.

DING
DONG
DING
DONG
DING

QUIETSCH

...

Er schläft wohl.

Was nun ...?

Ich
hätte
im Bett
bleiben
sollen
...

TAPP TAPP

Hey!
Ich sagte
doch: nicht
trödeln!

War da
gerade ein
Schatten?!

Ja
...

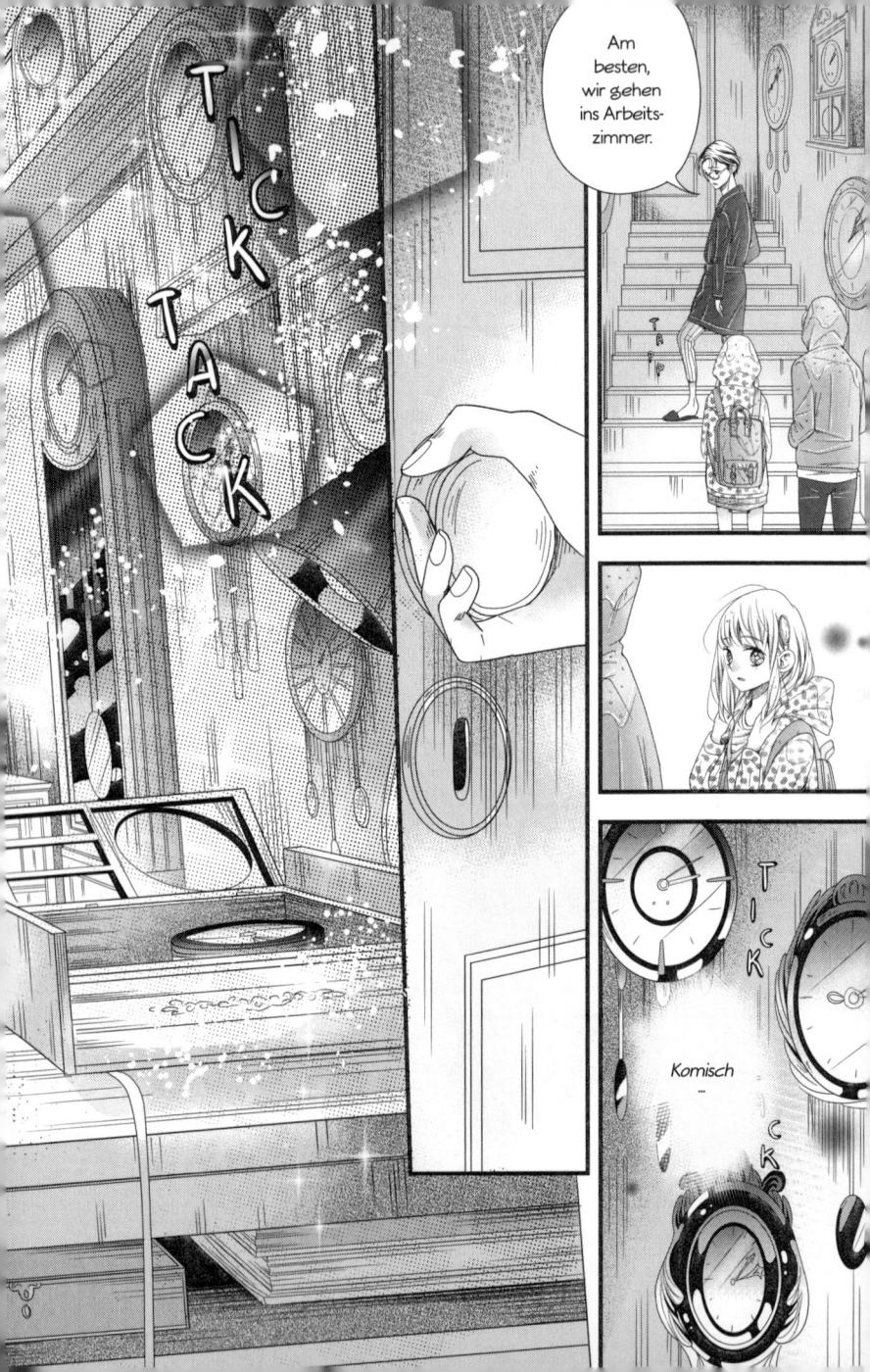

Am besten, wir gehen ins Arbeits- zimmer.

TIC TACK

TICK TACK

Komisch ...

Das ist die Traum-werkstatt meines Vaters!

Wusste ich gar nicht!

Du magst Uhren, was?

Also ...

Ach so ...

Ich leite sie, solange er weg ist.

... dass ihr mitten in der Nacht hier rein-platzt?

... was ist so drin-gend ...

So ist es!

Besitzt du auch das Wissen der Traumfänger, wie dein Vater?

Dieser »Green Garden« ...

Was genau ist das?

Richtig!

Du siehst ja, dass alle Seiten dazu fehlen.

Sie ...

August, wer ist dieses Mädchen?

5: Was wirklich zählt

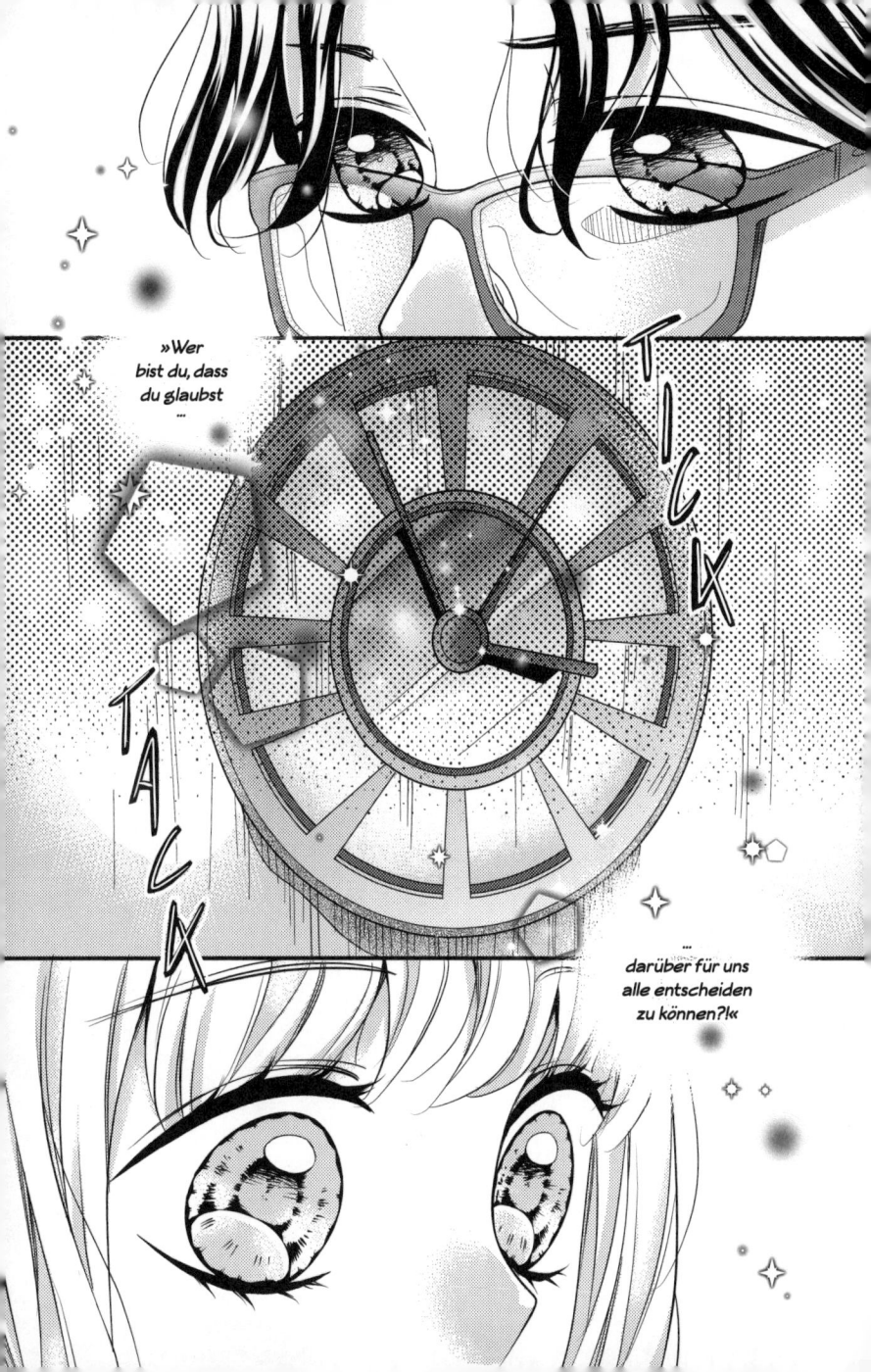

»Wer bist du, dass du glaubst ...

TICK

TACK

... darüber für uns alle entscheiden zu können?!«

Spielt
...

Und die
Leute, die
leiden?

TSK!

... ihr
Schicksal
gar keine
Rolle?

Bislang genossen die Traumwerkstätten Immunität, aber ...

Es gab keine Verletzten ...

... in letzter Zeit wurden Traumfänger grundlos verhaftet. Und jetzt das!

Dieser Brand kommt einer Kriegserklärung gleich.

Was auch immer hinter dem Handeln der Regierung steckt ...

... wir sollten die Füße stillhalten und sie nicht weiter provozieren.

TICK

TICK

TACK

TACK

TICK

Es ist also
egal, wenn
Menschen
leiden?

Ist es
das wirk-
lich?

Es
kommt
von da!

... ist hier los?!

Sein Blick wird ganz glasig.

Gefangen in seinen Albträumen.

Er hat sie schon lange ...

... aber in letzter Zeit kann er nicht mehr zwischen Traum und Realität unterscheiden.

Die Tabletten beruhigen ihn ein wenig.

Nein.

Er ist bloß gefangen.

Gefangen zwischen Traum und Realität?

Wie kann das sein?!

Ich dachte, deswegen bist du hier?

Wir haben uns hier in der Werkstatt Hilfe erhofft.

Doch man sagte uns, dass es keine Heilung für ihn gibt.

Etwas ist in
Bewegung
geraten.

Ich
kann es
spüren.

Und
das
...

... ist
gerade
erst der
Anfang.

HENDRO ERKLÄRT

Zum besseren Verständnis möchte ich Ihnen in diesem Abschnitt die Welt von *Green Garden* genauer erklären. Das heutige Thema: die Energie.

Die unbekannte Energie ist überaus ressourcenschonend, unbegrenzt verfügbar und die Essenz der Nation. Den Legenden zufolge wurde die Energie während des großen Krieges entdeckt. Dank dieser Entdeckung schaffte es die Nation, zu einer der wichtigsten Wirtschaftsmächte der Welt zu werden. Besagte Energie soll jedoch auch der Grund für die schrecklichen Albträume sein, an denen viele Menschen leiden. Studien sind jedoch nur wenige bekannt und e...

Hey! Das wissen wir doch alles schon!

Wie ein Flüstern?! Ist ja gruselig.

Die schwebenden Kugeln, die das Stadtbild prägen, speichern die Energie und verbreiten sie in der ganzen Stadt. Wenn man in der Stille hinhört, soll man ihre Stimme hören können. Sie soll wie das Flüstern einer Menschenmenge klingen.

Verstehe!

altraverse

Originalausgabe
Altraverse GmbH – Hamburg 2020

GREEN GARDEN 01
© 2020 Sozan Coskun / Altraverse GmbH
All rights reserved.

Redaktion: Joachim Kaps
Herstellung: Cathrin Hamester
Lettering: Vibrant Publishing Studio

Druck: CPI books GmbH, Leck
Printed in Germany

Alle deutschen Rechte vorbehalten.
ISBN 978-3-96358-442-8
2. Auflage 2020

www.altraverse.de